Nicolas Gerrier

La pierre du Grand Nord

Illustrations de **Bruno Bagourd**

Rédaction : Maréva Bernède, Jimmy Bertini
Direction artistique et conception graphique : Nadia Maestri
Mise en page : Simona Corniola
Recherches iconographiques : Laura Lagomarsino

Première édition : janvier 2008

Crédits photographiques :
© tbkmedia.de / Alamy : page 4 ; © Alain Le Garsmeur /
CORBIS : page 5 ; Library of Congress, Prints and Photographs
Division, Washington : page 26 hd, m, bg ; © blickwinkel / Alamy :
pages 28, 30 hd ; © Bryan & Cherry Alexander Photography /
Alamy : page 52.

Vous trouverez sur le site blackcat-cideb.com (espace étudiants et
enseignants) les liens et adresses Internet utiles pour compléter les
dossiers et les projets abordés dans le livre.

Pour toute suggestion ou information, la rédaction peut être
contactée à l'adresse suivante :
info@blackcat-cideb.com

CISQ CISQ CERT
TEXTBOOKS AND
TEACHING MATERIALS
The quality of the publisher's
design, production and sales processes has
been certified to the standard of
UNI EN ISO 9001

Imprimé en Italie par Litoprint, Gênes

Sommaire

Le texte est intégralement enregistré.

   Ce symbole indique les exercices d'écoute et le numéro de la piste.

 DELF   Les exercices qui présentent cette mention préparent aux compétences requises pour l'examen.

L'île de Sound Baffin au Nunavut.

Le Nunavut

Le Nunavut est un immense territoire situé au nord du Canada. Sa superficie est de 1 900 000 km ^{2} : il est donc grand comme la France, l'Italie, l'Allemagne, l'Autriche, l'Espagne, la Belgique et le Portugal réunis ! Pourtant, seulement 30 000 personnes y vivent !

Il faut dire que le Nunavut est en plein cœur de la région arctique et que son climat est le plus rude de tout le Canada : la température peut en effet descendre jusqu'à -50°C et le vent y souffle parfois très fort. En plus, il fait nuit pendant deux mois en hiver, et le soleil ne se couche pas entre la mi-mai et la mi-juillet !

La plupart des habitants du Nunavut sont des Inuits [1]. Ce peuple

---

1. **Inuits** : nom variable en nombre, mais pas en genre. Adjectif invariable.

Des dômes géodésiques au Nunavut.

habite les régions polaires depuis plusieurs millénaires. Ils parlent leur langue traditionnelle, l'*inuktitut*, mais aussi l'anglais, et... le français !

Les distances sont tellement grandes entre les villages qu'il vaut mieux utiliser l'avion ou le bateau pour se déplacer. Il n'existe d'ailleurs aucune route qui traverse le pays. Mais ceux qui préfèrent la terre ferme peuvent utiliser une motoneige ou un traîneau tiré par des chiens.

Les paysages du Nunavut sont superbes. On y trouve beaucoup de glace et de neige bien sûr, mais aussi des lacs, des montagnes, des forêts, des rivières, des îles et d'immenses prairies. Ces régions polaires sont peuplées de nombreux animaux, comme les caribous, les ours, les loups, les phoques et les baleines. La flore et la faune sont cependant très fragiles et elles souffrent beaucoup des effets du réchauffement de la Terre.

Le Nunavut est la plus jeune province du Canada. Sa création, en 1999, marque la reconnaissance des droits des Inuits sur cette région. D'ailleurs, Nunavut signifie « notre terre » dans la langue des Inuits. Sa capitale est Iqualuit.

Le Nunavut est donc un lieu idéal pour vivre une grande aventure !

Compréhension écrite

DELF **1** Lisez attentivement le dossier, dites si les affirmations suivantes sont vraies (V) ou fausses (F), puis corrigez celles qui sont fausses.

		V	F
1	La population du Nunavut est de 300 000 habitants.	☐	☐
2	Le Nunavut a une superficie de 1 900 000 km^2.	☐	☐
3	Le Nunavut est une province du Canada et n'a donc pas de capitale.	☐	☐
4	Au Nunavut, on parle italien et allemand.	☐	☐
5	Il fait chaud toute l'année au Nunavut.	☐	☐
6	Nunavut signifie « notre terre » dans la langue des Inuits.	☐	☐
7	Le vélo est le moyen de transport idéal au Nunavut.	☐	☐

2 Écoutez attentivement l'enregistrement, puis trouvez le drapeau du Nunavut.

a ☐   b ☐   c ☐

Personnages

En haut, de gauche à droite : **Le père de Thomas, la mère de Thomas, Nunavut.**
En bas, de gauche à droite : **Thomas Laventure, le jeune loup.**

Avant de lire

1 Les mots suivants sont utilisés dans le chapitre 1. Associez chaque mot à l'image correspondante.

a   un traîneau   c   un éclair   e   une couverture

b   une cheminée   d   un phoque   f   un caribou

2 Complétez les phrases à l'aide des mots proposés.

| rêver   creuse   bouger   fatigué   heureux |

1   Cela fait une heure que je .... la neige autour de la maison.

2   Si j'étais moins ...., je continuerais une heure de plus.

3   Malheureusement, mes mains ne peuvent plus ....

4   Je vais aller me coucher dans mon lit, dormir et .... toute la nuit.

5   Je pense que je suis le plus .... des garçons.

CHAPITRE 1

La pierre rose

Je m'appelle Thomas Laventure et j'ai quatorze ans. Depuis six mois, j'habite à Iqualuit avec mes parents. C'est un lieu original pour vivre quand on est né en France : pour le trouver sur une carte du monde, il faut regarder en haut, au nord du Canada. La ville d'Iqualuit est située au Nunavut, le territoire du peuple inuit.

Avant, j'ai habité en Australie, au Sénégal et au Mexique. Nous changeons souvent de maison car mon père a un métier un peu particulier : il cherche tout ce qui fait rêver les hommes depuis des siècles, comme le trésor des Templiers, la pierre philosophale, l'Atlantide... C'est un véritable aventurier !

Nous sommes venus au Canada pour chercher des météorites. Selon mon père, les plus belles pierres tombées de l'espace se trouvent dans cette région du monde. Mon père est parti en expédition depuis quinze jours et il rentre aujourd'hui. Pendant que je l'attends, je construis un igloo dans le jardin. Je forme des blocs de neige que je pose les uns sur les autres. Pour les murs,

ça va. Mais je me demande comment font les Inuits pour faire tenir le toit ! Soudain, à quelques mètres de moi, la neige devient rose. Je m'approche, je commence à creuser et je découvre une pierre très lumineuse. Je la prends dans mes mains : elle est chaude ! C'est peut-être ce genre de pierre que recherche mon père...

— Allez, mes chiens ! Un dernier effort !

C'est la voix de mon père qui encourage ses chiens de traîneau. Je mets la pierre dans ma poche et je cours vers lui. Tout à coup, je ne peux plus bouger ! Impossible d'avancer ou de reculer ! Tout s'est arrêté autour de moi : ma mère, mon père et les chiens se sont transformés en statues. Puis, un éclair de feu

traverse le ciel. Il touche le traîneau de mon père et frappe la poche de mon pantalon. Une seconde plus tard, tout redevient normal. Je demande à mes parents :

— Qu'est-ce que c'était ?

Mes parents me regardent sans comprendre. Je suis le seul à avoir vu l'éclair de feu. Que s'est-il passé ?

Mon père s'approche de moi et me serre dans ses bras.

— Comment ça va, mon fils ? Viens, j'ai quelque chose à te montrer.

— Tu as trouvé des météorites ?

— Malheureusement, non.

Mon père soulève alors la couverture placée sur le traîneau.

— Regarde comme ce jeune loup est beau. Je l'ai trouvé ce matin, à côté de la rivière. Des chasseurs ont tué son père et sa mère.

L'animal nous regarde. Ses yeux sont très noirs. Il a l'air d'avoir peur. Je caresse doucement sa tête pour lui faire comprendre qu'il est en sécurité avec nous.

— Moi aussi, papa, j'ai quelque chose de génial à te montrer !

— D'accord, Thomas. Mais d'abord, je dois nourrir les chiens. Ils sont fatigués et ils ont très faim.

Mon père me donne alors le jeune loup.

— Occupe-toi de lui. Tu ne dois pas avoir peur. Il n'est pas dangereux. Demain, je le ramènerai dans la forêt.

— Il est lourd pour un jeune loup !

Il tourne sa tête vers moi. Une sensation étrange m'envahit... J'ai l'impression qu'il veut me dire quelque chose. Que je suis bête ! Les animaux ne parlent pas...

La pierre du Grand Nord

Je rentre dans la maison avec le loup et je l'installe devant la cheminée. La chaleur lui fait du bien. Je vais ensuite voir mon père pour lui montrer la pierre, mais il me dit qu'il est trop occupé. C'est toujours la même chose : mon père n'a jamais de temps pour moi ! Parfois, j'ai l'impression d'avoir encore dix ans. Pourquoi il ne m'écoute jamais ? Et pourquoi il ne m'emmène jamais dans ses expéditions ? Je lui demande souvent si je peux l'accompagner, mais il me répond toujours la même chose : « Tu dois d'abord grandir, Thomas. L'année prochaine peut-être. » Mais « l'année prochaine » n'arrive jamais...

Le soir, pendant le repas, mon père raconte son expédition. Il a parcouru plusieurs régions. Il a vu des ours, des phoques et des caribous, mais pas une seule météorite ! Il est très déçu. C'est le moment de lui parler de ma découverte. Je monte sur la chaise et je crie :

— J'ai quelque chose à dire ! Cet après-midi, j'ai trouvé...

Je prends la pierre dans ma poche et je la montre à mes parents.

— ...ça !

Mon père regarde ma main.

— Une pierre noire ? C'est gentil, Thomas, mais les pierres que je cherche sont plus extraordinaires que ça.

Je regarde ma main : la pierre chaude et lumineuse que j'ai trouvée dans la neige est devenue noire et froide...

Compréhension écrite et orale

1 Lisez attentivement le chapitre, puis cochez la bonne réponse.

1 Thomas et ses parents habitent
   a ☐ au nord du Canada.
   b ☐ au sud du Mexique.
   c ☐ à l'ouest du Sénégal.

2 Le père de Thomas cherche
   a ☐ de l'or.
   b ☐ des météorites.
   c ☐ du pétrole.

3 Thomas trouve une pierre rose dans
   a ☐ l'herbe.
   b ☐ la terre.
   c ☐ la neige.

4 Le père de Thomas arrive chez lui
   a ☐ en voiture.
   b ☐ en traîneau.
   c ☐ à pied.

5 L'animal caché sous la couverture du traîneau est
   a ☐ un chien.
   b ☐ un jeune loup.
   c ☐ un crocodile.

6 Lorsque Thomas ouvre sa main, la pierre
   a ☐ est devenue noire et froide.
   b ☐ a fondu.
   c ☐ a disparu.

2 Écoutez attentivement l'enregistrement, puis dites si les affirmations suivantes sont vraies (V) ou fausses (F).

		V	F
1	Le Nunavut n'est pas touché par la pollution.	☐	☐
2	Il y a tellement de glace au Nunavut que le réchauffement de la Terre ne gêne pas la population.	☐	☐
3	Plus il fait chaud et plus les animaux trouvent difficilement de la nourriture.	☐	☐
4	La hausse des températures transforme la vie des Inuits.	☐	☐
5	Les régions polaires sont en danger, mais ce n'est pas notre problème.	☐	☐

Enrichissez votre **vocabulaire**

1 Quelle est la réaction de Thomas dans chaque situation ? Associez chaque sentiment à la phrase correspondante.

a heureux	c déçu	e fier	g furieux
b étonné	d affectueux	f impatient	h admiratif

1 ☐ Soudain, la neige devient rose à quelques mètres de moi.

2 ☐ C'est la voix de mon père qui encourage ses chiens de traîneaux.

3 ☐ Il a l'air d'avoir peur. Je lui caresse doucement la tête.

4 ☐ Je rejoins mon père pour lui montrer la pierre, mais il me dit qu'il est trop occupé !

5 ☐ C'est toujours la même chose : mon père n'a jamais de temps pour moi !

6 ☐ C'est le moment de lui parler de ma découverte.

7 ☐ J'ai quelque chose à dire ! Cet après-midi, j'ai trouvé...

8 ☐ Mais je me demande bien comment font les Inuits pour faire tenir le toit !

Grammaire

Les conjonctions de coordination

Il existe sept conjonctions de coordination : **mais, ou, et, donc, or, ni, car**. Elles font la liaison entre deux mots ou deux phrases et ont chacune leur signification.

- **Mais** oppose deux idées : *La pierre n'est pas noire, mais rose.*
- **Ou** indique une alternative : *Impossible d'avancer ou de reculer.*
- **Et** ajoute une information : *La pierre est rose et chaude.*
- **Donc** introduit une conséquence : *Il fait froid, donc je mets des gants.*
- **Or** oppose deux idées : *Ce matin, la pierre est noire, or hier elle était rose.*
- **Car** donne une explication : *Je mets mes gants car il fait froid.*
- **Ni** s'utilise avec deux négations : *La pierre n'est ni rose ni chaude.*

1 Complétez les phrases avec la conjonction de coordination qui convient.

ni	et	ou	ni	mais	donc	car

1   La pierre est devenue noire .... froide !

2   Thomas ne peut .... bouger .... parler.

3   Un loup boit du lait .... de l'eau ?

4   Le loup a froid, ... Thomas l'installe devant la cheminée.

5   Il a vu des animaux, ... aucune météorite.

6   Il déménage souvent .... son père a un métier particulier.

Production écrite et orale

DELF **1** Mettez-vous à la place de Thomas et expliquez votre état d'âme à la fin du chapitre.

DELF **2** Écrivez quelques phrases pour résumer le chapitre 1.

Avant de lire

1 Les mots suivants sont utilisés dans le chapitre 2. Associez chaque mot à l'image correspondante.

a du bois **b** un fouet **c** des flocons **d** des pattes

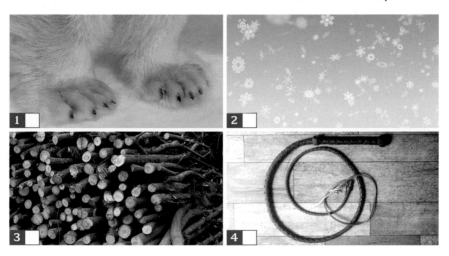

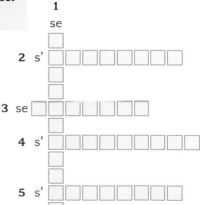

2 Complétez la grille à l'aide des définitions.

se coucher   se débrouiller   s'enfoncer
s'éteindre   s'installer

1 Faire quelque chose tout seul, sans demander de l'aide.

2 Lorsqu'un feu n'éclaire plus.

3 On peut le faire sur son lit ou par terre.

4 Se mettre, par exemple, devant la télévision.

5 Dans la neige, le sable mouvant ou la boue.

1 se

2 s'

3 se

4 s'

5 s'

Nunavut

⑤ Il est minuit et je n'arrive pas à dormir. Je me pose mille questions à propos de cette pierre rose. Pourquoi est-elle redevenue noire et froide ? Comment expliquer à mes parents que je leur dis la vérité ? Pourquoi suis-je le seul à avoir vu l'éclair de feu ?

Je me lève et je sors de ma chambre. La maison est silencieuse. Mes parents dorment. J'entre dans le salon. Le feu de la cheminée est en train de s'éteindre. Le jeune loup a peut-être froid. Je m'avance vers la cheminée pour mettre du bois. Mais... le jeune loup n'est plus là !

— Hou ! Hou ! Hou !

Je m'approche de la fenêtre et je regarde dehors. Le loup est là, à quelques mètres de la maison. Il tourne la tête vers moi. Ses yeux sont roses !

— Viens, sors de la maison et suis-moi ! dit-il.

Le jeune loup a parlé ! C'est impossible, je rêve. Un loup ne parle pas !

— Tu ne dois pas avoir peur, Thomas, car je suis ton ami. Va chercher la pierre dans ta chambre et viens avec moi.

Non, je ne rêve pas, le jeune loup parle vraiment ! Je vais dans ma chambre pour prendre la pierre sur la table de nuit. Incroyable ! Elle est de nouveau rose et chaude ! Je m'habille rapidement et je sors de la maison.

La silhouette d'un homme apparaît dans les yeux du loup. Je lui demande :

— Qui es-tu ?

— Je m'appelle Nunavut. Je suis l'esprit d'un chef inuit. Je vais t'aider à trouver les pierres que ton père recherche. Je sais où elles sont.

— Pourquoi veux-tu l'aider ?

— Ton père a sauvé le jeune loup. C'est un homme bon. Hommes, animaux, nous devons tous vivre en harmonie. Viens avec moi !

Nunavut se retourne. Je vois le traîneau de mon père. Il est prêt. Les chiens sont attachés et me regardent. Ils attendent mes ordres. Je m'installe à l'arrière du traîneau, serre fort la pierre dans ma main, lève le fouet et crie :

— En avant, Thomas Laventure !

Les chiens commencent à courir. Le traîneau va de plus en plus vite. C'est la première fois que je conduis le traîneau de mon père. Je trouve que je me débrouille très bien.

Nous arrivons bientôt devant une montagne gigantesque. Nous prenons un chemin très étroit le long de la montagne. La

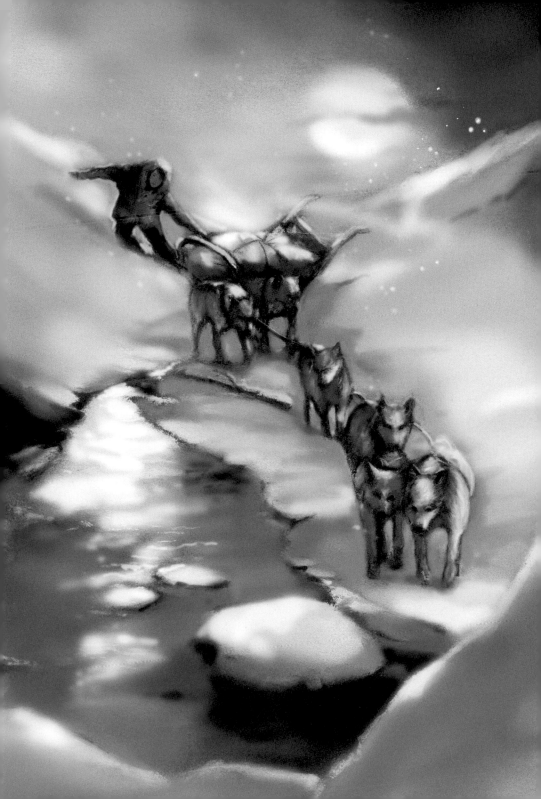

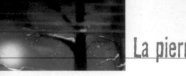

lune disparaît derrière des nuages noirs. Il tombe de gros flocons et il fait de plus en plus froid. J'encourage les chiens. Mais le chemin est trop incliné. Le traîneau s'enfonce dans la neige : impossible d'avancer ! Les deux chiens de tête ont leurs pattes dans le vide : ils risquent de tomber dans le précipice. J'attrape le cou du premier chien et le tire de toutes mes forces. Une fois, deux fois. Ouf ! Il est sauvé. J'attrape l'autre chien et le tire vers le haut. Une fois, deux fois. Sans succès. Trois fois, quatre fois. Ouf ! Lui aussi est sauvé !

Je me couche dans la neige. Je respire difficilement. Les deux chiens me lèchent le visage pour me donner du courage. Nous reprenons l'ascension. Je me place au milieu des chiens et les aide à tirer le traîneau. Nous marchons dans une neige profonde. Chaque pas est un exploit ! Après un temps qui me semble une éternité, nous arrivons enfin au sommet de la montagne.

Sans se reposer, les chiens recommencent à courir et se précipitent dans la descente. Nous allons plus vite qu'une motoneige, qu'une voiture de course, qu'un avion... hé !!! Nous ne touchons plus le sol ! Nous volons ! Nous survolons des océans de glace et des forêts aux sapins gigantesques !

Compréhension écrite et orale

1 Écoutez attentivement l'enregistrement du chapitre, puis répondez aux questions.

1 Pourquoi est-ce que Thomas n'arrive pas à s'endormir ?

2 Qui prononce la phrase : « Viens, sors de la maison et suis-moi » ?

3 Comment réagit Thomas lorsque le loup lui parle ?

4 Que va chercher Thomas dans sa chambre avant de sortir de la maison ?

5 Qui est Nunavut ?

6 Est-ce que Thomas arrive facilement à franchir la montagne ?

7 Comment est-ce que Thomas aide les chiens ?

8 Qu'est-ce qui se passe à la fin du chapitre ?

2 Complétez le texte à l'aide des mots proposés.

Les armoiries du Nunavut reprennent de nombreux éléments très (**1**) .... pour les habitants de cette région. Les couleurs or et bleu représentent les richesses de la terre, de la (**2**) .... et du ciel. L'*inuksuk*, dessiné en bleu, est un monument de (**3**) .... qui guide les voyageurs et marque les lieux sacrés. Le *qulliq* est une lampe qui rappelle la (**4**) .... et la chaleur que l'on trouve dans la famille et la communauté. L' (**5**) .... est la maison traditionnelle. Le caribou et le narval évoquent tous les (**6**) .... du Nunavut. Ils sont debout sur la nature, représentée par des (**7**) ...., la banquise et la mer. La devise est écrite en *inuktitut* et veut dire « Nunavut, notre (**8**) .... ».

1	a	grands	b	importants	c	amusants
2	a	plage	b	mer	c	ville
3	a	neige	b	pierres	c	papier
4	a	nuit	b	glace	c	lumière
5	a	igloo	b	océan	c	école
6	a	animaux	b	habitants	c	maisons
7	a	couronnes	b	arbres	c	fleurs
8	a	force	b	faiblesse	c	bêtise

Enrichissez votre **vocabulaire**

1 Associez chaque mot à l'image correspondante. Quelles sont les images d'aujourd'hui (AU) et celles qui datent d'une époque plus ancienne (EA) ?

a La pêche

b Iqaluit, la capitale du Nunavut

c La carte du Nunavut

d Des chiens de traîneau

e Un igloo

f Une motoneige

g Des habitants du Nunavut

h Un kayak

i La banquise

Grammaire

L'expression de la cause et de la conséquence

Dans la phrase : *Tu ne dois pas avoir peur, Thomas, car je suis ton ami.*

→ *Je suis ton ami* est la cause.

→ *Tu ne dois pas avoir peur, Thomas* est la conséquence.

La cause est un événement qui se produit avant un autre et qui en est l'origine.

La conséquence est un événement qui se produit après un autre et qui en est le résultat.

Parce que, comme, car, grâce à, à cause de... annoncent une cause.

Ainsi, c'est pourquoi, alors, donc... annoncent une conséquence.

On peut dire : *Tu ne dois pas avoir peur, Thomas,* **car** *je suis ton ami.*

Ou bien : *Je suis ton ami, Thomas,* **donc** *tu ne dois pas avoir peur.*

1 Cause ou conséquence ? Complétez les phrases selon le sens.

1 Thomas ne dort pas .... il se pose mille questions.

2 Thomas est surpris .... le loup parle.

3 La neige est profonde .... le traîneau s'enfonce.

4 Thomas fait claquer son fouet .... les chiens se mettent à courir.

5 Les chiens courent à toute allure .... le traîneau glisse plus vite qu'une motoneige.

Production écrite et orale

DELF **1** Vous êtes Thomas. Racontez les événements du chapitre 2 à un ami.

DELF **2** Avez-vous déjà entendu un animal parler ? Non ? Alors, choisissez un animal, domestique ou sauvage, et imaginez par écrit ce qu'il pourrait vous dire.

L'Iditarod.

Les chiens polaires

Vous voulez partir en expédition dans le Nunavut et vous cherchez les meilleurs compagnons pour ce voyage ? Choisissez-les parmi les quatre races de chiens polaires : intelligents, affectueux et résistants, ce sont d'excellents chiens de traîneaux.

On dit que le Malamute d'Alaska est le plus fort, que le Husky de Sibérie est le plus rapide, que le Samoyède est le plus obéissant et que l'Esquimau du Groenland est le plus courageux. De toute façon, si vous les comprenez et les aimez, ils vous emmèneront jusqu'au bout de la banquise !

Les chiens polaires d'aujourd'hui sont les enfants des premiers loups apprivoisés par les hommes. Disons plutôt les arrière-arrière-arrière-arrière… petits-enfants, puisque c'était il y a environ 10 000 ans !

Pendant des siècles, ils ont été les compagnons indispensables du peuple inuit dans les régions polaires. On les utilisait pour le transport des hommes et des marchandises, et pour la chasse.

À partir du XXᵉ siècle, ils ont également participé aux grandes découvertes des explorateurs. On dit que Frederick Cook est le premier à avoir exploré le pôle Nord en 1908, et Roald Amundsen le pôle Sud en 1911, mais, en réalité, ce sont leurs chiens qui sont arrivés les premiers sur ces deux banquises !

Aujourd'hui, les motoneiges remplacent petit à petit les chiens de traîneaux. Mais beaucoup de personnes leur font encore confiance et les utilisent dans de grandes expéditions. On peut aussi admirer ces chiens à l'occasion de grandes courses de traîneaux organisées dans le monde entier. La plus célèbre, l'*Iditarod*, se déroule en Alaska : c'est une aventure de 1 700 km que les meilleurs parcourent en moins de dix jours !

Alors, qu'attendez-vous pour préparer votre traîneau ?

Compréhension écrite

DELF **1** Lisez attentivement le dossier, puis cochez la bonne réponse.

1 Quel animal est l'ancêtre des chiens de traîneaux ?
   a ☐ L'ours. b ☐ Le loup. c ☐ Le phoque.

2 Autrefois, à quoi servaient principalement les chiens de traîneaux ?
   a ☐ À jouer. b ☐ À apporter le journal.
   c ☐ À transporter des marchandises.

3 Combien de races de chiens polaires existe-t-il ?
   a ☐ Une. b ☐ Deux. c ☐ Quatre.

4 Les chiens de traîneaux sont habitués à tirer des

a ☐ motoneiges. b ☐ enfants. c ☐ traîneaux.

5 Le Husky de Sibérie

a ☐ craint le froid. b ☐ est paresseux. c ☐ court vite.

6 L'Esquimau du Groenland est

a ☐ solitaire. b ☐ obéissant. c ☐ courageux.

2 Parmi ces chiens, lequel n'est pas un chien polaire ?

1 ☐   2 ☐

3 ☐   4 ☐

Avant de lire

1 Observez attentivement le dessin, puis associez chaque mot à l'image correspondante.

a   une falaise   d   une plaine   g   un sommet

b   un sapin   e   une rivière   h   un lac

c   un chemin   f   une montagne i   une forêt

CHAPITRE 3

L'aurore boréale

 — **Stop !**

Je hurle aux chiens de s'arrêter. Le traîneau redescend sur terre et s'arrête dans un champ de neige. Nunavut s'approche de moi. Je lui demande :

— Où allons-nous ?

— Je ne sais pas, c'est toi qui nous conduis.

— Mais... je ne sais même pas où nous sommes ! Et puis, c'est toi qui dois me montrer où sont les météorites.

— Tu t'es arrêté là, Thomas. Alors, nous devons être arrivés.

— Mais... il n'y a rien ici, Nunavut !

J'ai peut-être parlé un peu vite. Nous sommes au sommet d'une falaise qui domine une immense vallée. Des milliers d'animaux apparaissent. Des loups, des phoques et des caribous s'installent autour de nous. Leurs yeux brillent de toutes les couleurs.

— Tous ces animaux parlent comme toi ?

— Bien sûr, répond Nunavut. Ce sont les esprits des peuples

qui ont toujours habité cette terre : les Mohawks, les Naskapis, les Attikameks...

— Que viennent-ils faire ici ?

— Ils veulent sentir le vent et respirer le froid. Ils sont venus écouter les conseils de la lune et du soleil. Sans eux, nous ne pouvons pas comprendre la vie.

— Et les météorites ?

— Tu es trop impatient, Thomas.

Nunavut est souvent difficile à comprendre. Je veux bien être patient, mais il ne se passe pas grand-chose...

— Peux-tu me dire ce qu'on attend ?

— L'aurore boréale.

L'aurore boréale ? Mon père m'en a souvent parlé. Il s'agit d'un grand arc de lumière qui apparaît le matin dans le ciel des régions polaires. Je ne vois pas le rapport avec les pierres que nous cherchons. Je pose la question à Nunavut.

— Thomas, tu dois être patient ! Nous sommes au nord de la plaine de Qikiqtaaluk. Cette aurore boréale est très particulière.

Je regarde le ciel. Des petites lumières apparaissent à l'horizon. Bientôt, elles forment une bande de couleur qui traverse tout le ciel. Je suis émerveillé !

— C'est magnifique ! Le ciel est vert. Ou plutôt jaune. Je n'arrive pas à savoir. Il est rouge maintenant. Non, bleu !

Je me tourne vers Nunavut qui a pris l'apparence du vieux chef inuit. Il regarde le soleil et lui parle dans une langue que je ne comprends pas. Des éclairs traversent le ciel. C'est un feu d'artifice extraordinaire. Tout à coup, il se met à neiger, mais les flocons sont chauds, roses et durs comme des petites pierres. On dirait...

— Des météorites !

Compréhension écrite et orale

DELF **1** **Lisez attentivement le chapitre, puis dites si les affirmations suivantes sont vraies (V) ou fausses (F).**

		V	F
1	Thomas crie « Stop ! » pour que les chiens arrêtent de courir.	☐	☐
2	Ils sont arrivés dans une ville.	☐	☐
3	Les animaux qui entourent Thomas peuvent parler.	☐	☐
4	Mohawks, Naskapis et Attikameks sont des noms de plantes.	☐	☐
5	Thomas et Nunavut attendent l'arrivée de quelqu'un.	☐	☐
6	L'aurore boréale se passe dans le ciel.	☐	☐
7	Thomas trouve le spectacle de l'aurore magnifique.	☐	☐
8	Nunavut a le visage d'un vieil homme.	☐	☐
9	Nunavut parle au soleil en français.	☐	☐
10	Les flocons qui tombent du ciel sont noirs et froids.	☐	☐

2 **Écoutez attentivement l'enregistrement, puis complétez le texte à l'aide des mots suivants.**

a hommes	c langue	e animal	g magiques
b extraordinaires	d noir	f manger	h début

Une légende du Nunavut raconte qu'au (1) .... des temps, il n'y avait pas de différence entre les (2) .... et les animaux. Un homme pouvait se transformer en (3) .... et vice versa. Tout le monde parlait la même (4) .... Parfois, les mots devenaient (5) .... Il suffisait de les prononcer pour que des choses (6) .... se réalisent. On raconte, par exemple, qu'au début, tout était (7) .... sur la Terre. Un jour, un lièvre qui cherchait un endroit pour (8) .... a répété plusieurs fois le mot « jour »... c'est comme ça que la lumière est née !

Grammaire

Les adjectifs numéraux ordinaux

Les mots qui servent à établir un classement s'appellent des adjectifs numéraux ordinaux.

*C'est le **premier** loup qui parle.*   *C'est sa **dixième** expédition.*

- Pour **un**, on dit **premier** (1er).
- Pour **deux**, on dit **deuxième** (2e) quand il y a plus de deux personnes ou choses, **second** (2d) quand il y a seulement deux personnes ou choses.
- À partir de **trois**, on ajoute le suffixe **-ième** à l'adjectif numéral cardinal correspondant : *le troisième (3e), le onzième (11e), le mille trois cent cinquante-cinquième (1355e)...*

  Le **e** final des adjectifs numéraux cardinaux tombe avant l'ajout du suffixe : *quatre → quatrième.*

- On dit **dernier** pour... le *dernier* !

Comme tous les adjectifs, ils s'accordent en genre et en nombre avec le nom qu'ils accompagnent.

*Les **premières** (1ères) fois sont les plus belles.*

1 **Vous préparez vos chiens pour participer à une course de traîneaux. Écrivez dans chaque case le numéro correspondant à l'ordre suivant.**

A Nuna est deuxième.

B Laïka est cinquième.

C Flamme est quatrième.

D Riski est troisième.

E Blanco est dernier.

F Husky est premier.

2 Cent participants sont inscrits à la course. Cochez la bonne réponse.

1 Au départ, trente-neuf traîneaux partent plus vite que vous. Vous êtes donc
    a ☐ quatrième.   **b** ☐ quarantième. **c** ☐ trente-huitième.

2 Pendant la course, vous dépassez le vingtième. Vous devenez le
    a ☐ dix-neuvième. **b** ☐ vingtième.   **c** ☐ vingt et unième.

3 Quarante traîneaux abandonnent. Le dernier est donc le
    a ☐ soixantième. **b** ☐ quarantième. **c** ☐ centième.

4 Le traîneau entre le sixième et le huitième traîneau est à la
    a ☐ septième   **b** ☐ cinquième   **c** ☐ dernière   place.

5 Vous finissez la course en première position. Vous êtes donc le
    a ☐ centième.   **b** ☐ vainqueur.   **c** ☐ dernier.

Enrichissez votre **vocabulaire**

1 Tous ces animaux habitent dans les régions polaires. Associez chaque nom d'animal à l'image correspondante.

  a un ours polaire   **c** un renard   **e** un morse
  b un bœuf musqué   **d** une hermine   **f** un faucon

Production écrite et orale

DELF **1** Quelles sont les cinq premières choses que vous faites le matin en vous réveillant ?

DELF **2** Racontez un phénomène naturel auquel vous avez assisté et qui vous a marqué (orage, tempête, éclipse de lune...).

▶▶▶ PROJET **INTERNET** ◀◀◀

L'aventure polaire
Rendez-vous sur le site www.blackcat-cideb.com.
Cliquez ensuite sur l'onglet *Students*, puis sur la catégorie *Lire et s'entraîner*.
Choisissez enfin votre niveau et le titre du livre pour accéder aux liens du projet Internet.

A Cliquez sur la rubrique « Aventuriers », choisissez un nom d'aventurier au hasard, puis remplissez sa fiche d'identité.

Nom : ....

Prénom : ....

Date de naissance : ....

Une de ses expéditions : ....

Autre fait marquant : ....

B Cliquez sur la rubrique « Lexique ».
   ▶ Cherchez qui était « Érik le Rouge ».

C Cliquez sur la rubrique « Destinations – Expéditions polaires ».
   ▶ De quelle époque datent les premières découvertes en Arctique ?
   ▶ Qui réalise le premier vol en Antarctique en 1928 ?
   ▶ Qui a sauté en parachute au-dessus du pôle Nord en 2000 ?

L'aurore boréale

Aurore : nom féminin. Lumière qui précède le lever du soleil.

Boréale : adjectif. Qui se trouve près du pôle Nord.

Aurore boréale : lumière qui précède le lever du soleil près du pôle Nord ? Pas seulement !

C'est Galilée, l'astronome italien, qui donne ce nom à un phénomène naturel mystérieux, magnifique et sans doute aussi vieux que la Terre. Il s'agit de ces grandes traces bleues, rouges, vertes ou violettes qui illuminent les nuits des régions situées au nord de la Terre, comme la Scandinavie, l'Alaska, la Russie ou le Canada. On peut parfois en observer plus au sud, mais c'est beaucoup beaucoup plus rare ! Pendant des siècles, les hommes donnent des explications terrifiantes ou rassurantes pour expliquer ces spectacles magiques. Pour certains, ce sont les âmes des morts qui jouent avec des crânes d'animaux, d'autres disent qu'il s'agit des esprits des enfants qui dansent dans le ciel, d'autres encore pensent que ce sont les fantômes de leurs ennemis.

Aujourd'hui, on connaît le responsable : c'est le Soleil. Il crache fréquemment des nuages de particules (appelés *vents solaires*) qui voyagent jusqu'à la Terre. Le champ magnétique qui entoure notre planète les repousse vers les pôles Nord et Sud. Là, les particules entrent en collision avec l'oxygène et l'azote, les gaz présents dans l'atmosphère. Ce sont ces chocs qui donnent naissance aux aurores boréales (au-dessus du pôle Nord) et australes (au-dessus du pôle Sud). Ce phénomène est encore très mystérieux et les plus grands spécialistes se posent encore beaucoup de questions. Pour essayer de répondre à ces questions, la NASA a lancé cinq satellites dans l'espace en février 2007 pour une mission qui durera deux ans.

Les chasseurs d'aurores boréales, quant à eux, passent de longues nuits dehors en espérant rapporter la plus belle des photos comme trophée !

Compréhension écrite

DELF **1** Lisez attentivement le dossier, puis dites si les affirmations suivantes sont vraies (V) ou fausses (F).

		V	F
1	Les aurores boréales se produisent au Portugal.	☐	☐
2	Le mot *aurore boréale* a été donné par Galilée.	☐	☐
3	Les aurores boréales sont de grandes traces bleues, rouges, vertes ou violettes.	☐	☐
4	C'est le Soleil qui est responsable de ce phénomène.	☐	☐
5	Midi est le meilleur moment pour observer une aurore boréale.	☐	☐
6	Pour chasser une aurore boréale, on a besoin d'un fusil.	☐	☐

Avant de lire

1 Les mots suivants sont utilisés dans le chapitre 4. Associez chaque mot à l'image correspondante.

a   un bol   b   un tapis   c   une loupe   d   des poils

2 Voici six définitions du dictionnaire. Retrouvez les mots qui correspondent à ces définitions dans le « serpent à lettres ». Attention aux lettres en trop !

poussièreazrdérangerbbhrelâchermklframasserzqvsecouerjjydoute

1   *n.f.* Terre réduite en poudre très fine : ....

2   *v.tr.* Interrompre quelqu'un dans ses occupations : ....

3   *v.tr.* Libérer : ....

4   *v.tr.* Prendre par terre : ....

5   *v.tr.* Remuer, agiter fortement : ....

6   *n.m.* Hésitation à croire quelque chose : ....

CHAPITRE 4

C'était un rêve ?

— **Thomas, tu veux venir avec moi ramener le loup dans la**  **forêt ?**

— Hein ! ... Quoi ?... Je... les pierres... l'aurore... Nunavut...

Mon père me secoue.

— Debout ! La nuit est finie ! Allez, on se réveille !

Je regarde autour de moi : je suis dans ma chambre. La pierre sur ma table de nuit est noire et froide. Est-ce que j'ai rêvé ?

— Habille-toi, Thomas. Je t'emmène en traîneau jusqu'à la rivière pour relâcher le jeune loup.

Ce n'est pas tous les jours que mon père me propose de l'accompagner. Je saute de mon lit, m'habille rapidement et cours dans la cuisine. Je bois un bol de chocolat chaud et je sors de la maison. Mon père a déjà préparé le traîneau et attaché le jeune loup à l'arrière. Je m'approche de l'animal.

— Nunavut. Je sais que tu es Nunavut... je sais que tu peux parler !

Le loup me regarde. Ses yeux restent noirs. J'insiste, mais il me donne un coup de patte.

— Attention, Thomas ! me dit mon père. Il est comme toi, il n'aime pas être dérangé. Installe-toi à côté de moi. Attention au départ. En avant !

Comment est-ce que j'ai pu croire que ce jeune loup savait parler ? C'était trop beau pour être vrai ! Je me retourne et dis au revoir à ma

mère qui est devant la porte. La rivière n'est pas loin et nous serons de retour dans une heure environ. J'aimerais bien aller plus loin...

Nous arrivons à la rivière et libérons le jeune loup. Il court vers la forêt sans nous regarder. Je remonte dans le traîneau et nous repartons vers la maison. Je suis triste : ma pierre n'a rien d'extraordinaire et Nunavut n'existe pas. Je ne réagis même pas quand mon père s'exclame :

— Allez, les chiens, plus vite ! Ils n'avancent pas aujourd'hui. On dirait qu'ils ont couru toute la nuit !

Lorsque nous arrivons à la maison, je me couche sur mon lit car je suis triste et fatigué. Je ferme les yeux... Soudain, mon père s'exclame :

— Qu'est-ce que c'est que ça ?

Je me précipite dans le salon.

— Là ! Sur le tapis ! dit-il. Il y a quelque chose qui brille !

— C'est probablement un morceau de papier ou un grain de poussière, dit ma mère.

— Non, non... Regardez !

Mon père ramasse l'objet et le pose sur la table. Puis, il va chercher une loupe pour observer sa découverte.

— C'est une pierre ! Mais... elle est rose ! D'où vient-elle ?

— Elle appartient à Nunavut !

Mon père se retourne et me regarde sans comprendre.

— De quoi parles-tu ? Qui est Nunavut ?

— Un chef inuit. Il est mort il y a très longtemps, mais son esprit est venu ici. C'était le jeune loup que tu as sauvé.

Je leur raconte mon aventure : la pierre rose, le jeune loup qui parle, le voyage en traîneau, le vieux chef inuit, la pluie de météorites... Mes parents m'écoutent attentivement.

— Et voilà toute l'histoire, dis-je. La pierre est sûrement restée accrochée aux poils de Nunavut.

— Et toi, tu n'as pas rapporté de pierres ? me demande mon père.

C'est vrai... Pourquoi est-ce que je n'ai pas pris de météorites ? Mon père et ma mère se regardent. J'ai l'impression qu'ils ont des

doutes sur mon histoire. Mon père prend alors une carte et l'ouvre sur la table.

— Essaie de te souvenir des endroits que tu as vus dans ton rê... enfin, avec Nunavut.

— Il y avait des forêts, des montagnes, des lacs, puis de nouveau des montagnes. C'est difficile à décrire. Nunavut a parlé de la plaine Quitaluk ou Qualikut, quelque chose comme ça.

Mon père observe la carte. Il y a bien une région qui s'appelle Qikiqtaaluk, mais elle se trouve à des centaines de kilomètres d'ici. Je trouve étrange d'avoir pu parcourir cette distance en une seule nuit... mon père aussi d'ailleurs. Je lui demande :

— Tu ne me crois pas ?

— Disons que je crois que la pierre était dans les poils du jeune loup. Demain matin, je vais retourner près de la rivière. Mais pour le reste de ton histoire...

Le lendemain, près de la rivière, mon père cherche les traces du jeune loup dans la neige. Mais il ne trouve rien. Le soir, lorsqu'il rentre à la maison, il annonce à ma mère qu'il repart en expédition.

— Demain, je pars vers la région de Qikiqtaaluk.

— Je peux t'accompagner ? Je connais déjà l'endroit, et...

Mon père sourit. Je connais déjà ce sourire : « l'année prochaine, peut-être... »

Compréhension écrite et orale

DELF **1** **Lisez attentivement le chapitre, puis cochez la bonne réponse.**

1 Qui réveille Thomas ?
  - a ☐ Son père.
  - b ☐ Son réveil.
  - c ☐ On ne sait pas.

2 Est-ce que Thomas accompagne souvent son père en traîneau ?
  - a ☐ Oui, très souvent.
  - b ☐ Non, très rarement.
  - c ☐ On ne sait pas.

3 Avant de partir à la rivière, que mange Thomas ?
  - a ☐ Trois tartines.
  - b ☐ Du gâteau.
  - c ☐ On ne sait pas.

4 Une fois libéré, que fait le jeune loup ?
  - a ☐ Il reste à côté de Thomas.
  - b ☐ Il part sans le regarder.
  - c ☐ On ne sait pas.

5 Est-ce que les chiens de traîneau sont en forme ?
  - a ☐ Non, ils sont fatigués.
  - b ☐ Oui, en pleine forme.
  - c ☐ On ne sait pas.

2 **Associez chaque fin de phrase à son début.**

1 ☐ Le père de Thomas regarde la pierre
2 ☐ L'esprit de Nunavut
3 ☐ Ils cherchent sur la carte
4 ☐ Les recherches au bord de la rivière
5 ☐ Le père de Thomas

a partira tout seul en expédition.
b les paysages que Thomas a vus.
c ne donnent pas de résultats.
d est dans le corps du jeune loup.
e avec une loupe.

9 **3** Écoutez attentivement l'enregistrement, puis associez chaque jeu inuit à l'image correspondante.

A ☐   B ☐

C ☐   D ☐

Enrichissez votre **vocabulaire**

1 Retrouvez le sens des mots soulignés.

1 Je <u>saute de</u> mon lit.

    a ☐ J'en sors rapidement.

    b ☐ Je m'en sers comme trampoline.

    c ☐ Je le casse.

2 Nous <u>libérons</u> le jeune loup.

    a ☐ Nous le laissons partir.

    b ☐ Nous le caressons.

    c ☐ Nous l'attachons à un arbre.

3 Il <u>se précipite</u> dans la cuisine.

    a ☐ Il y va lentement.

    b ☐ Il ne la trouve pas.

    c ☐ Il y va rapidement.

4 Ils écoutent <u>avec attention</u>.

a ☐ Ils n'écoutent pas.

b ☐ Ils sont distraits.

c ☐ Ils sont concentrés.

5 J'ai <u>des doutes</u> sur ton histoire.

a ☐ Je te crois.

b ☐ Je ne sais pas si elle est vraie ou fausse.

c ☐ Je ne te crois pas.

---

2 L'*Inuksuk* est un monticule de pierres servant de repère dans les prairies du Nunavut. Trouvez les mots manquants à l'aide des pierres de l'*Inuksuk* et des lettres données.

1 Un chien qui n'apporte pas ses pantoufles à son maître, mais qui tire des traîneaux est un chien ....

2 Thomas aimerait que son père l'emmène avec lui quand il part en ....

3 Il faut être un aventurier pour tenter la .... de l'Arctique.

4 Des chiens, un traîneau et un conducteur : voilà un bel .... !

Production écrite et orale

DELF **1** Thomas a-t-il rêvé ou non ? Pour chaque possibilité, cherchez les indices correspondants.

DELF **2** Un matin, au moment du réveil, avez-vous déjà pensé : j'ai rêvé ou c'était vrai ? Racontez votre rêve par écrit.

Un chasseur de la ville d'Igloolik.

Le peuple inuit

Les Inuits sont les spécialistes de la vie dans le grand froid. Leurs ancêtres vivaient déjà dans les régions polaires il y a 4 000 ans ! Jusqu'au début du XXe siècle, les Inuits vivent complètement isolés des autres civilisations. Ils trouvent dans la nature tout ce dont ils ont besoin. Ils construisent des maisons en neige (les igloos), d'autres avec des pierres, de la terre séchée et du bois. Ils mangent de la viande crue et des morceaux de baleines ou de poissons. Pour s'habiller, ils utilisent des peaux d'animaux. Ils s'éclairent avec des lampes à graisse de phoque ou de baleine. Leurs outils, leurs armes et leurs jouets sont en os ou en bois.

Chaque Inuit se sent très proche de la nature et des animaux, mais il sait aussi qu'il a besoin des autres pour vivre. Il partage donc facilement ce qu'il a et il est toujours prêt à aider les autres. Sa famille

Un village inuit.

et les autres membres de sa communauté sont très importants pour lui. Les légendes inuit sont très nombreuses. Elles mélangent les hommes et les animaux avec des personnages fantastiques pour parler de la vie et expliquer les mystères de la nature. Les Inuits sont aussi des artistes. Ils fabriquent de magnifiques sculptures en pierre, en bois, en ivoire ou en os.

Aujourd'hui, il y a environ 150 000 Inuits qui vivent sur des milliers de kilomètres carrés tout autour du pôle Nord. Ils habitent dans des maisons modernes, regardent la télévision et surfent sur Internet… comme tout le monde ! Leur langue, l'*inuktitut*, s'écrit désormais soit avec les symboles traditionnels soit avec notre alphabet. Beaucoup veulent garder les traditions et la façon de vivre de leurs ancêtres. Malheureusement, le réchauffement de la Terre transforme très rapidement leur territoire : toute leur culture est aujourd'hui menacée. Un peuple qui vit depuis si longtemps en harmonie avec une nature difficile a certainement beaucoup à nous apprendre…

L'art inuit

Les Inuits utilisent l'art pour parler de l'histoire et des coutumes de leur peuple. Les sculptures, dessins ou bijoux sont réalisés avec des os de baleines, des bois de caribous, de l'ivoire de morses, des peaux d'animaux et de la pierre.

Les œuvres représentent des activités de la vie quotidienne, comme la chasse et la pêche. Elles mettent en scène de nombreux animaux de l'Arctique mais aussi des personnages imaginaires. Elles sont ainsi un témoignage très riche sur les traditions de ce peuple.

Mais certains artistes travaillent sur des thèmes plus modernes. Ils expriment alors les difficultés de vivre dans les régions polaires aujourd'hui.

L'art est donc un élément essentiel pour la transmission de la culture des Inuits et la connaissance de leur vie d'hier et d'aujourd'hui. L'artiste est d'ailleurs un personnage important de la communauté.

De nombreux musées et galeries du monde entier exposent des œuvres inuit.

Les Inuits s'intéressent aussi au septième art, le cinéma. Vous avez peut-être vu le film *Atanarjuat, la légende de l'homme rapide* du réalisateur inuit Zacharias Kunuk. Il a remporté de nombreux prix internationaux dont la Caméra d'Or au festival de Cannes en 2001.

↓ Un extrait du film *Atanarjuat, la légende de l'homme rapide*, de Zacharias Kunuk.

Compréhension écrite

DELF **1** **A** Lisez attentivement le dossier, puis dites si un Inuit peut prononcer les phrases suivantes en cochant vrai (V) ou faux (F).

	V	F
1 La famille ? Ce n'est vraiment pas important pour moi.	☐	☐
2 Mon père m'a appris à construire un igloo et à chasser le phoque.	☐	☐
3 J'adore les légendes inuit. Elles parlent de princesses et de châteaux.	☐	☐
4 On chasse le caribou uniquement pour le plaisir de le tuer.	☐	☐
5 De la viande crue ? Je déteste ça !	☐	☐
6 Je suis très inquiet du réchauffement de la Terre.	☐	☐

B Lisez attentivement la partie sur l'art, puis dites si les affirmations suivantes sont vraies (V) ou fausses (F).

	V	F
1 L'art inuit permet de connaître la vie quotidienne de ce peuple.	☐	☐
2 Les artistes inuit utilisent des matériaux naturels.	☐	☐
3 Les artistes sont mal vus au Nunavut.	☐	☐
4 Aucun musée occidental n'expose d'œuvre inuit.	☐	☐
5 Zacharias Kunuk est un sculpteur inuit.	☐	☐

2 Associez chaque mot *inuktitut* à sa traduction.

1 ☐ *tuktu* : les Inuits la mangent crue.
2 ☐ *qisik* : elle sert à fabriquer des vêtements.
3 ☐ *igluvijaq* : c'est une maison construite avec de la neige.
4 ☐ *qarasaujaq* : aujourd'hui, les Inuits s'en servent aussi.

a une peau de phoque   c la viande de caribou
b un igloo   d l'ordinateur

Avant de lire

1 Les mots suivants sont utilisés dans le chapitre 5. Associez chaque mot à l'image correspondante.

a une larme   c les joues   e des taches
b un couteau   d une corde   f le torse

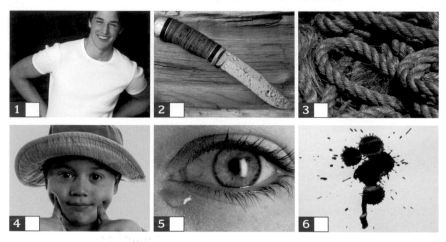

2 Les mots soulignés sont utilisés dans le chapitre 5. Associez chaque mot à sa definition.

1 ☐ Je n'ai pas de <u>nouvelles</u> de lui.
2 ☐ J'<u>enroule</u> la corde autour de mon ventre.
3 ☐ J'ai fait des recherches sur mes <u>ancêtres</u>.
4 ☐ L'animal <u>se dresse</u> devant moi.
5 ☐ Je prends de <u>l'élan</u>.
6 ☐ Il est devenu <u>fou</u>.

a Elle me sert de ceinture.
b Quatre pas suffisent.
c Il s'appuie sur ses pattes arrière.
d Je ne sais pas du tout ce qu'il fait.
e Mon arrière-grand-père s'appelait Charles.
f Il ne sait plus ce qu'il fait.

CHAPITRE 5

L'ours

— Il va bientôt revenir, me dit ma mère. Tu peux t'endormir tranquillement.

Ma mère est inquiète. Elle ne veut pas le montrer mais je le sais. Mon père est parti il y a deux semaines et depuis, nous sommes sans nouvelles. Ce soir, je ne dors pas ! C'est décidé : je dois aller sauver mon père ! Ma seule chance, c'est que Nunavut existe vraiment !

Je prends la pierre et je la serre dans ma main.

— Nunavut, Nunavut ! J'ai besoin de toi.

Je suis peut-être fou de parler à une pierre, mais je dois essayer.

— Mon père est en danger ! Je t'en prie, Nunavut, viens !

La pierre reste noire.

— Je sais que tu existes ! Je sais que tu peux m'entendre ! Je crois en toi !

La pierre est toujours noire. Je commence à pleurer. Fort, très fort. Mes larmes coulent sur mes joues et tombent sur mes

mains. Elles sont très chaudes... Surpris, j'ouvre les yeux : il y a des taches roses sur mes mains.

— Hou ! Hou ! Hou !

Nunavut ! Je me précipite à la fenêtre. Le loup est là. Je sors de la maison en courant.

— Tu es venu ! Merci ! Mon père est en danger, je dois le retrouver !

— Tes chiens et moi, nous attendons tes ordres.

Mes chiens ? Derrière Nunavut, je vois un traîneau tiré par de nombreux chiens.

— Ce traîneau est à toi !

Je caresse chaque chien. Ils sont tous magnifiques. J'ai très envie de donner le signal de départ. Mais je ne peux pas partir sans avertir ma mère. Je rentre dans la maison et j'écris quelques lignes sur une feuille que je laisse sur la table du salon.

> *Je pars à la recherche de papa. Ne t'inquiète pas, il ne peut rien m'arriver : Nunavut est avec moi !*

Je m'installe ensuite à l'arrière du traîneau et crie :

— En avant, Thomas Laventure !

Les chiens m'obéissent et s'élancent sur la neige. Nous glissons, nous courons, nous volons. Nous survolons des montagnes, des lacs gelés et des vallées enneigées. Soudain, je vois un corps allongé dans la neige. Trois ours tournent autour de lui. Je crie aux chiens de s'arrêter. Le traîneau s'immobilise dans un grand nuage de neige. Les ours encerclent mon père. Nunavut a pris l'apparence du chef inuit. Il me donne un couteau et une corde.

— Un couteau et une corde contre ces ours ? Impossible de lutter !

— Mes ancêtres chassaient comme ça, Thomas. La corde pour fermer le museau de l'ours et le couteau pour le blesser au cœur.

Le plus grand des ours me regarde. Il bouge la tête de bas en haut plusieurs fois.

— Il veut se battre contre toi, me dit Nunavut.

L'ours se dresse sur ses pattes arrière. Il mesure au moins deux mètres ! Il se jette sur moi et essaie d'attraper mon bras avec ses pattes. Heureusement, ses mouvements sont lents et imprécis. Tout à coup, il me fait tomber par terre et écrase mon torse avec ses pattes. J'attrape son museau, il essaie de se dégager, mais j'arrive à planter mon couteau dans sa patte. Il la soulève, et j'en profite pour rouler sur le côté et me relever. Je tourne autour de lui et change plusieurs fois de sens : il est désorienté. Je prends alors de l'élan, et saute sur son dos.

J'enroule plusieurs fois la corde autour de son museau et je me jette par terre. Je me relève. Je suis face à lui. Mon couteau est devenu rose et brûlant. Je le serre très fort, hurle de toutes mes forces et me jette sur l'ours. Je plante le couteau dans son cœur d'un geste rapide et précis. L'ours tombe : j'ai gagné ! Les deux autres ours reconnaissent ma victoire et s'en vont.

Je cours vers mon père.

— Papa, papa ! Tu m'entends ?

Il ne répond pas, mais je sens sa respiration. Nunavut me tend une petite bouteille.

— Donne-lui ce remède à boire, Thomas.

— On ne peut pas rester ici. Je dois le ramener à la maison.

— Il a d'abord besoin de repos. Construis un igloo pour vous protéger.

— Un igloo ? Mais je ne sais pas comment faire !

— Tu dois avoir confiance en toi, Thomas. Sers-toi de la pierre. Je reviendrai plus tard.

Je prends la pierre dans ma poche. Elle brille d'un rose magnifique. Je la pose sur la neige et dessine un grand cercle autour d'elle. Je découpe des blocs de glace et les assemble tout autour de la pierre. J'ai l'impression qu'elle me guide. Petit à petit, l'igloo prend forme. Je le termine comme un véritable Inuit ! Je vais chercher dans le traîneau de mon père les peaux de bêtes qui lui servent de couverture et je les place dans l'igloo. Ensuite, je traîne mon père avec difficulté à l'intérieur et l'installe le plus confortablement possible. Grâce à la pierre, il fait déjà très chaud dans l'igloo.

Fatigué mais heureux, je me couche contre mon père et je m'endors.

Compréhension écrite et orale

1 Lisez attentivement le chapitre, puis répondez aux questions.

1 Au début du chapitre, est-ce que Thomas est sûr que Nunavut existe ?
2 À qui sont les chiens et le traîneau qui attendent Thomas ?
3 À qui Thomas écrit-il un message ?
4 Qui est allongé dans la neige ?
5 Qui chassaient les ours avec une corde et un couteau ?
6 Pourquoi est-ce que les ours s'enfuient ?
7 Le père de Thomas est-il encore en vie ?
8 Comment se sent Thomas à la fin du chapitre ?

11 DELF

2 Écoutez attentivement l'enregistrement du combat de Thomas avec l'ours polaire. Quelles sont les différences par rapport au texte du chapitre 5 ? Complétez le tableau.

	Texte du chapitre 5	Enregistrement
La taille de l'ours		
Les mouvements de l'ours		
L'arme de Thomas		
La couleur du couteau		
Une partie du corps de l'ours		

Enrichissez votre **vocabulaire**

1 **Cochez la bonne réponse.**

1   En frottant la pierre, Thomas est plein
    a ☐ d'espoir.
    b ☐ d'envie.
    c ☐ d'audace.

2   Quand il se bat contre l'ours, Thomas a
    a ☐ peur.
    b ☐ faim.
    c ☐ froid.

3   Pour combattre un ours, il lui faut
    a ☐ de l'angoisse.
    b ☐ de l'humour.
    c ☐ du courage.

4   Pour construire un igloo, il faut être
    a ☐ rusé.
    b ☐ habile.
    c ☐ stupide.

5   Thomas voit son père très fatigué et il est
    a ☐ inquiet.
    b ☐ amusé.
    c ☐ généreux.

2 **A   Associez un verbe et un mot pour former des expressions.**

1 ☐ Sauter	a	de l'élan
2 ☐ Planter	b	un couteau
3 ☐ Creuser	c	des blocs
4 ☐ Tasser	d	un trou
5 ☐ Prendre	e	la neige
6 ☐ Percer	f	sur le dos
7 ☐ Se jeter	g	par terre
8 ☐ Découper	h	un mur

B   **Écrivez quatre phrases sur le combat de Thomas et de l'ours.**

Exemple : *se jeter / par terre*
*Thomas **se jette par terre**, puis se relève et fait face à l'ours.*

C   **Écrivez quatre phrases sur la construction de l'igloo par Thomas.**

3 Voici la recette pour réussir un bel igloo. Complétez le texte en choisissant la terminaison des mots qui convient.

La (1) fabrica.......... d'un igloo.

Ingrédients : neige et glace.

Temps de préparation : moins de deux heures.

Choisir un endroit où la neige est dure. Tracer tout d'abord un (2) cer.......... sur la neige pour marquer les limites de l'igloo. Creuser ensuite la neige à (3) l'inté.......... de ce cercle en découpant des blocs. Disposer une (4) prem.......... rangée de blocs sur le cercle. Avec un couteau, (5) cré.......... une inclinaison. Poser les blocs suivants en montant petit à petit, en forme de (6) spi.......... et en inclinant les blocs vers l'intérieur. Rester (7) tou.......... à l'intérieur de l'igloo. Ajuster parfaitement le dernier bloc. Percer une porte. (8) Bou.......... les trous avec de la neige fraîche. Fabriquer un tunnel pour se protéger des ours et du vent. C'est prêt !

	a		b		c	
1	a	ture	b	tage	c	tion
2	a	ceau	b	cle	c	clu
3	a	riage	b	rion	c	rieur
4	a	ier	b	ière	c	iéme
5	a	er	b	ez	c	et
6	a	rou	b	rale	c	role
7	a	tou	b	pis	c	jours
8	a	ton	b	levard	c	cher

Production écrite et orale

DELF **1** Aidez Thomas à raconter cette journée dans un courriel.

DELF **2** Décrivez les sentiments de Thomas dans le chapitre 5.

▶▶▶ PROJET **INTERNET** ◀◀◀

La faune et la flore du Canada

Rendez-vous sur le site www.blackcat-cideb.com.

Cliquez ensuite sur l'onglet *Students*, puis sur la catégorie *Lire et s'entraîner*. Choisissez enfin votre niveau et le titre du livre pour accéder aux liens du projet Internet.

A Cliquez sur la rubrique « Espèces – Fiches d'information sur les mammifères ».

▶ Quel poids peut atteindre l'ours blanc ?

▶ Que mange-t-il ?

B Cliquez sur la rubrique « Espèces ».

▶ Citez quatre mammifères et trois oiseaux vivant au Canada.

▶ Citez cinq espèces en péril. Pourquoi ces espèces sont-elles en péril ?

C Cliquez sur la rubrique « Enjeux et thèmes ».

▶ Où se situe la forêt boréale du Canada ?

CHAPITRE 6

Une pluie de météorites

 — Où suis-je ?

La voix de mon père me réveille. Je lui explique la situation, mais il me dit :

— Je ne me sens pas bien. J'ai soif.

Je lui donne un peu du remède de Nunavut. Mon père s'endort aussitôt. Je sors de l'igloo. Il fait un temps magnifique. Les chiens sont heureux de me voir.

— Tu es un vrai Inuit, Thomas.

Je me retourne. Nunavut est là. Il me prend dans ses bras et me serre très fort.

— Mon père ne va pas bien.

— Ne t'inquiète pas, il sera bientôt guéri. Tu l'as sauvé, Thomas. Tu peux être fier de toi. Avant de repartir, n'oublie pas de lui montrer l'aurore boréale.

— Tu viendras avec nous ?

— Vous n'avez plus besoin de moi.

— Qu'est-ce que tu vas faire ?

— Poursuivre mon chemin. Mon nom, Nunavut, signifie

La pierre du Grand Nord

« notre terre ». Je dois continuer à veiller sur son équilibre.

— On se reverra ?

— Nos cœurs et nos âmes sont liés à jamais, Thomas.

Après un dernier signe de la main, Nunavut prend le chemin du Grand Nord. Plus il s'éloigne et plus il accélère. Bientôt, au loin, je vois un loup courir dans la neige.

Au cours de la journée, mon père se réveille plusieurs fois. À chaque fois, il me pose des questions sur l'endroit où nous sommes et sur ma présence ici. Je lui fais boire quelques gouttes du remède et il se rendort. Tard dans la nuit, il se réveille une nouvelle fois.

— Où sommes-nous ?

— Comment te sens-tu ?

— Beaucoup mieux. Je n'y comprends rien ! J'ai probablement rêvé. Je t'ai vu construire cet igloo ! C'était tellement vrai : tu me soignais, tu t'occupais des chiens. Et moi, j'étais là, incapable de parler. Je te voyais, je voulais t'aider mais je ne pouvais pas. Tu faisais tout cela… comme un homme ! J'ai vu aussi cet Inuit, Nunavut.

— Tu lui as parlé ?

— Oui ! Il m'a dit de continuer à parcourir le monde, mais aussi de m'arrêter de temps en temps. Il a ajouté qu'il y avait des gens à découvrir… tout près de moi…

Mon père me serre très fort dans ses bras, puis il me demande :

— Je t'ai raconté mes expéditions en Égypte ?

Et mon père se met à parler. Toute la nuit, il me raconte l'Égypte, puis l'Australie, puis l'Afrique. Il parle encore lorsque le jour se lève.

— Viens ! lui dis-je. À moi de te faire découvrir quelque chose.

— Où allons-nous, Thomas ?

— Trouver des météorites !

Nous sortons de l'igloo.

— Tu sais, Thomas, je crois que je me suis trompé. Il n'y a pas de météorites ici.

— Chut !

Nous nous installons sur mon traîneau. Tout à coup, la lune

disparaît du ciel et l'horizon s'illumine : un arc de lumière et des éclairs de toutes les couleurs apparaissent. Le spectacle est magnifique ! Mon père regarde, émerveillé.

— Il neige, dit-il.

— Non, papa, ce n'est pas de la neige... Regarde mieux...

Mon père n'en croit pas ses yeux. Des milliers de météorites tombent tout autour de lui.

Lorsque le spectacle est terminé et que le soleil se lève, nous nous occupons des chiens et préparons les traîneaux. Pendant le trajet du retour, mon père continue de me raconter ses aventures, et moi, je lui apprends comment faire un igloo ! Nous passons ensemble deux jours merveilleux.

À quelques centaines de mètres de la maison, mon père me dit :

— Passe devant, Thomas !

J'accélère dans la dernière ligne droite. Ma mère entend aboyer mes chiens, sort de la maison et se précipite vers nous. J'arrête le traîneau juste devant elle.

— Vous êtes enfin revenus ! Je me suis beaucoup inquiétée... Mais... à qui sont ces chiens ? Et ce traîneau ? demande-t-elle.

— Ils sont à moi, maman !

Elle se tourne vers mon père.

— Vous, vous avez beaucoup de choses à me raconter. Je vais devoir m'habituer à vous voir partir ensemble en expédition, n'est-ce pas ?

Je regarde mon père et je lui fais un clin d'œil.

— Tel père, tel fils, maman !

Compréhension écrite et orale

DELF ❶ Écoutez attentivement l'enregistrement du chapitre. Remettez les mots dans l'ordre, puis dites si les affirmations suivantes sont vraies (V) ou fausses (F).

	V	F

1   d'arrêter / le monde / lui dit / Nunavut / de parcourir   ☐ ☐

  ....

2   la maison / derrière / En arrivant, / Thomas / s'arrête   ☐ ☐

  ....

3   voient / Ils / ensemble / aurore boréale / une   ☐ ☐

  ....

4   raconte / Thomas / à son père / ses voyages   ☐ ☐

  ....

5   ne sait pas / Le père de Thomas / où il est /   ☐ ☐

  ....

6   au loin / court / dans la neige / disparaît / et / Nunavut   ☐ ☐

  ....

7   n'a pas vu / Thomas / Il / construire / igloo / un   ☐ ☐

  ....

8   se réveille / des questions / Le père de Thomas / plusieurs fois / et / pose   ☐ ☐

  ....

❷ Remettez les affirmations vraies dans l'ordre chronologique du chapitre.

❸ Écoutez attentivement l'enregistrement, puis dites si les personnes interrogées connaissent le Nunavut. Cochez oui (O) ou non (N).

	O	N
Témoignage 1	☐	☐
Témoignage 2	☐	☐
Témoignage 3	☐	☐

Enrichissez votre **vocabulaire**

1 Associez chaque mot à la définition correspondante.

a	hémisphères	d internationale	g planète
b	changements	e passé	h résultat
c	choix	f entier	

1 ☐ C'est le mien, mais tu peux faire autre chose si tu veux.
2 ☐ Jupiter, Saturne ou, bien sûr, la Terre.
3 ☐ La Terre en a deux : le Sud et le Nord.
4 ☐ Hier.
5 ☐ Quand les choses se transforment.
6 ☐ 6 est celui de 4 + 2.
7 ☐ On le dit d'une réunion de personnes de plusieurs pays.
8 ☐ Pas seulement une partie.

2 Complétez le texte avec les mots de l'exercice précédent.

Le 1er mars 2007, la quatrième année polaire (1) .... a été officiellement lancée à Paris. De très nombreuses études scientifiques seront menées dans les (2) .... Nord et Sud. Les régions polaires jouent un rôle important pour l'ensemble de la vie sur la Terre. La glace présente au pôle Sud et au pôle Nord renferme des informations sur le (3) .... et l'évolution de notre (4) .... L'étude de ces régions doit ainsi permettre de mieux comprendre les importants (5) .... climatiques et humains. Le (6) .... de cette étude doit permettre aux hommes du monde (7) .... de faire les bons (8) .... pour protéger la Terre et tous ses habitants.

Production écrite et orale

◆ DELF **1** Est-ce que quelqu'un vous a déjà dit « Tel père, tel fils » ou bien « Telle mère, telle fille » ? Racontez dans quelles circonstances.

◆ DELF **2** Faites la liste des qualités et des défauts que vous avez en commun avec vos parents.

▶▶▶ PROJET INTERNET ◀◀◀

Les météorites

Rendez-vous sur le site www.blackcat-cideb.com.

Cliquez ensuite sur l'onglet *Students*, puis sur la catégorie *Lire et s'entraîner*. Choisissez enfin votre niveau et le titre du livre pour accéder aux liens du projet Internet.

A Cliquez sur la rubrique « Chutes ».

▶ Quel malheur a frappé la Terre il y a 65 millions d'années (chapitre *Le malheur des uns fait le bonheur des autres*) ?

▶ Comment baptise-t-on les météorites (chapitre *D'où viennent ces étranges noms*) ?

▶ Que devez-vous faire si vous trouvez une météorite (chapitre *Si la chance vous sourit*) ?

B Cliquez sur la rubrique « Collections ».

▶ Pourquoi faut-il étudier les météorites (chapitre *Décrypter les météorites*) ?

▶ Combien de météorites tombent chaque année sur la Terre (chapitre *Météorites canadiennes*) ?

C Cliquez sur la rubrique « Vedettes ».

▶ Citez deux météorites qui ont créé un cratère.

▶ Citez deux météorites qui ont percuté quelqu'un ou quelque chose.

▶ Quand a été découverte la météorite canadienne appelée *Innisfree* ? Dans quelles circonstances ?

1 **Devinez quel personnage prononce les phrases suivantes.**

1   Une pierre noire ? Les pierres que je cherche sont plus extraordinaires. ....

2   Je vais t'aider à trouver les pierres que ton père recherche. ....

3   Tous ces animaux parlent comme toi ? ....

4   Demain, je pars vers la région de Qikigtaaluk. ....

5   Il va bientôt revenir. Tu peux t'endormir tranquillement. ....

6   Nos cœurs et nos âmes sont liés à jamais. ....

7   Je t'ai vu construire cet igloo. ....

8   Vous, vous avez beaucoup de choses à me raconter. ....

9   Tel père, tel fils. ....

2 **Complétez les phrases, puis remettez les lettres dans le bon ordre pour découvrir le mot mystérieux.**

1   Le pays des Inuits s'appelle le _ _ _ _ _ _ ☐ .

2   Aujourd'hui, les Inuits se déplacent souvent en ☐ _ _ _ _ _ _ _ ☐ .

3   Les Huskies et les Samoyèdes sont des chiens _ _ _ _ ☐ _ _ _ .

4   Le Nunavut est situé dans la région _ _ _ _ _ _ _ ☐ .

5   Le plus gros carnivore de la Terre est l'_ _ _ ☐ .

6   Ce sont les chiens polaires qui tirent les _ ☐ _ _ _ _ _ _ _ .

7   Au Canada, on peut voir des aurores _ ☐ _ ☐ _ _ _ _ .

8   Ils respectent énormément la nature : les _ _ _ _ ☐ _ .

Le père de Thomas espère en trouver au nord du Canada :

les ☐☐☐☐☐☐☐☐☐☐